L'OPÉRA

DEPUIS SON ORIGINE JUSQU'A NOS JOURS

1645-1847

Prix : 50 centimes

PARIS
CHEZ BRETEAU, LIBRAIRE
PASSAGE DE L'OPÉRA, GALERIE DE L'HORLOGE

1847

L'OPÉRA

DEPUIS SON ORIGINE JUSQU'A NOS JOURS

1645-1847

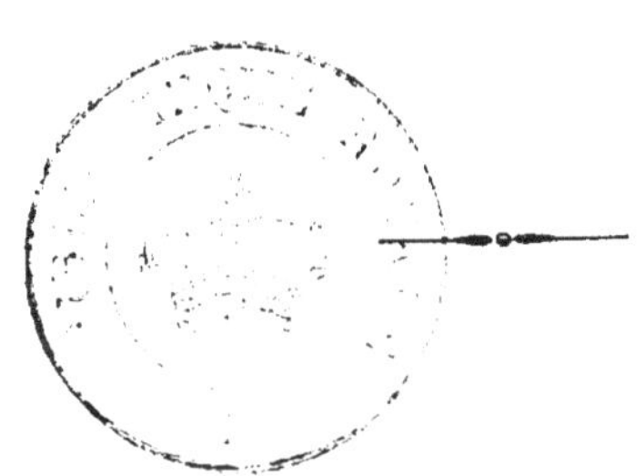

PARIS
CHEZ BRETEAU, LIBRAIRE
PASSAGE DE L'OPÉRA, GALERIE DE L'HORLOGE

1847

HISTOIRE

DE L'OPÉRA

I

Origine

Ne vous êtes-vous pas demandé souvent quel fut le mortel assez audacieux pour concevoir, le premier, l'idée et le plan de ce magnifique spectacle qui s'adresse à la fois au cœur, à l'imagination, à l'esprit, par l'intermédiaire des yeux et des oreilles? Emu par les accords dramatiques de *Guillaume Tell*, émerveillé par les splendeurs de la *Juive*, n'avez-vous pas pensé que le créateur inconnu de ce spectacle complexe, qu'on appelle l'*Opéra*, pourrait bien avoir droit à autant de reconnaissance de votre part que l'inventeur de la poudre à canon ?

Mais aussi cette sublime invention de l'Opéra n'est-elle pas, comme tant d'autres, l'œuvre du hasard, ni même l'œuvre d'un homme, c'est l'œuvre de deux siècles de travaux et de progrès. Vouloir connaître cette invention, c'est vouloir lire son histoire !

Or, vous saurez que l'Opéra naquit pour ainsi dire d'un accès d'ennui de la reine Anne d'Autriche. C'était vers l'an de grâce 1645. La bonne princesse cherchait de tous côtés des moyens de distraction ; elle ne se faisait pas faute même d'aller à l'hôtel de Bourgogne voir le farceur *Bruscambille.* Le Mazarin, de son côté, s'ennuyait de voir la reine s'ennuyer; il pensa que la musique, si puissante sur les organisations nerveuses, pourrait bien avoir quelque effet sur la royale mélancolie ; et, important en France un genre de spectacle déjà très répandu en Italie, il fit représenter, au Petit-Bourbon, devant le jeune roi et sa mère, la *Festa teatrale de la finta pazza.* Des chanteurs et des instrumentistes italiens furent chargés de l'exécution.

Cette tentative ayant assez bien réussi, deux ans après le cardinal fit venir tout exprès d'Italie une troupe qui joua avec un immense succès *Orfeo et Euridice* et la tragédie lyrique d'*Andromède.*

Cependant ce n'était encore là que l'opéra italien ; il n'y avait pas encore de quoi satisfaire tous les goûts ; ce qui le prouve, c'est qu'il se forma un parti dans le public qui demanda à grands cris un essai de pièces françaises mises en musique. L'abbé Pierre Perrin, de Lyon, introducteur des ambassadeurs près de Gaston, duc d'Orléans, se chargea de satisfaire les désirs de ce parti, et il s'adjoignit, dans son entreprise, Cambert, célèbre organiste, surintendant de la musique de la reine-mère, lequel se chargea de faire le chant. Leur première œuvre, divisée en cinq actes et intitulée *Pastorale*, fut jouée, en 1659, à Issy « afin, disent les mémoires du temps, d'éviter la foule que cette nouveauté aurait attirée dans Paris. »

Cette pièce obtint beaucoup de succès, et les auteurs reçurent des encouragemens pécuniaires du roi et de la reine-mère. Ils ne voulurent pas en rester là et composèrent un *Adonis* et une *Ariane* dans le genre tragique. L'*Ariane* n'avait pas encore été représentée quand le cardinal mourut, laissant l'Opéra sans protecteur. Perrin et Lambert se virent bientôt forcés de renoncer à leurs travaux tragico-lyriques.

Leur silence dura encore huit ans. C'est dans cet intervalle que le marquis de Sourdéac révéla au monde son génie de machiniste, en faisant exécuter d'abord dans son château de Neubourg, en Normandie, puis au théâtre du Marais, à Paris, la *Toison d'Or*, pièce dont l'admirable mise en scène excita l'admiration du roi et de toute la cour.

En 1667, Perrin et Lambert, qui s'étaient associé le marquis de Sourdéac, et un nommé Champeron, sans doute comme bailleur de fonds, obtinrent, par lettres patentes, la permission d'établir une Académie de Musique à Paris et dans toutes les villes de province qui leur conviendraient. Il était, en outre énoncé, — chose remarquable — dans lesdites lettres patentes du roi, que « les gentilshommes et demoiselles pourraient chanter dans ces Académies sans déroger à leur noblesse, priviléges, charges, droits, immunités. »

Les répétitions de *Pomone*, pièce d'ouverture, se firent dans la grande salle de l'hôtel de Nevers, ci-devant bibliothèque du cardinal Mazarin, et la première représentation eut lieu, en 1672, sur un théâtre nouveau, dressé dans le jeu de paume de la rue Mazarine, vis à vis la rue Guénégaud.

La pièce réussit parfaitement, grâce surtout, dit-on, aux danses composées par Beauchamp ; néanmoins, au bout de quelques mois, des discussions d'intérêt s'étant élevées entre les associés, le marquis de Sourdéac évinça l'abbé Perrin, et fit représenter sur un livret d'un sieur Gilbert, secrétaire des commandemens de la reine Christine, les *Peines et les Plaisirs de l'Amour*, ce fut le dernier opéra dont Cambert composa la musique : il n'obtint aucun succès.

Le marquis, rebuté par ce *fiasco*, céda à Lulli, moyennant une somme très modique, le privilége, la direction et le matériel qu'il tenait de Perrin. Lulli, célèbre violoniste florentin, qui avait écrit, depuis plusieurs années, les airs des ballets de la cour, se fit assurer, par lettres-patentes du roi, en date du mois de mars 1672, le privilége et la direction sa vie durant.

Au marquis de Sourdéac succéda le machiniste du roi, Vigarani, lequel fut associé à Lulli pour dix ans, avec un tiers de bénéfice. Le poète Pierre Perrin fut remplacé par Quinault, de l'Académie française.

Dès 1667, sous la direction Perrin, Lulli et Quinault avaient débuté par un opéra intitulé *Isis.*

II

Direction Lulli

La nouvelle direction s'était fait à l'avance construire une nouvelle salle dans un jeu de paume de la rue Vaugirard ; elle en fit l'ouverture le 15 novembre 1672, avec les *Fêtes de l'Amour et de Bacchus*, pastorale de Quinault et Lulli, machines de Vigarani. M. le grand-écuyer, M. de Villeroi et plusieurs autres grands seigneurs y dansèrent.

Un autre opéra, *Cadmus*, fut joué peu de temps après, avec assez de succès, quoique la haute société commençât à se lasser des scènes triviales qui se trouvaient mêlées aux premières œuvres lyriques de Quinault.

Dans les premiers jours de 1673, Molière étant mort et

la salle du Palais-Royal se trouvant sans directeur, le roi la donna à Lulli. Un poëte de l'Empire dirait qu'Euterpe succéda ainsi à Thalie. Le fait est que la scène sur laquelle avait gémi Alceste-Molière, fut inaugurée, au mois de juillet 1673, par l'*Alceste* grecque, arrangée par Quinault et mise en musique par Lulli. Pécourt, le célèbre Pécourt, y dansa pour la première fois. A cette époque, il n'avait paru encore aucune femme sur le théâtre de l'Opéra. Ce fut seulement en 1681 qu'on en vit figurer dans le ballet du *Triomphe de l'Amour*.

Après l'*Alceste*, l'ouvrage le plus brillant de la société Quinault-Lulli, fut *Athys*. Cet opéra, joué en 1676, obtint un succès d'autant plus grand qu'on voulut elever quelques contestations. Les partisans de l'œuvre, furieux d'enthousiasme, employèrent, pour lui assurer un triomphe complet, les moyens d'intimidation les plus énergiques.

J'ai dit que des femmes prirent part aux danses en 1681, mais, à cette époque, on était loin encore de se douter des premiers élémens de l'art chorégraphique; hommes et femmes couraient les uns à côté des autres, sans ordre et surtout sans mesure et sans harmonie; il en était de même de la peinture des décorations et de la composition des costumes; les dieux à juste-au-corps de satin et les déesses garnies de flots de rubans devaient former un ensemble très grotesque. C'était encore bien pis, lorsqu'il s'agissait de représenter des allégories champêtres; les acteurs se revêtaient alors de mousse, de foin, de feuillages et de roseaux. Telle était la couleur locale de cette époque.

En 1682, Quinault et Lulli firent représenter *Persée*, tragédie-opéra; toutes les places étaient louées trois jours à l'avance, non à cause des merveilles présumées de la musique, mais parce que cette représentation devait offrir un [illegible] opéra dont Louis XIV, lui-même, avait indiqué le sujet. Dans cette pièce, on vit, pour la première fois, des personnages traversant les airs, suspendus au moyen de fils-d'archal, inventés par Berrin. Ce mécanisme fut fort admiré de tout le public et valut au nouvel opéra un grand nombre de représentations, ce qui fit dire à un plaisant que le succès d'*Amadis* ne tenait qu'à *un fil*.

L'année suivante vit l'apparition de *Roland*, l'un des meilleurs ouvrages des deux célèbres associés. M. de Chassé, chanteur qui, après de grands succès de vogue, s'était retiré dans ses terres, rentra par le rôle de Roland. Il fut très bien accueilli, mais on trouva que ses moyens s'étaient singulièrement affaiblis, ce qui donna lieu à l'épigramme suivante :

> Ce n'est plus cette voix charmante,
> Ce ne sont plus ces grands éclats,
> C'est un gentilhomme qui chante
> Et qui ne se fatigue pas.

M. de Chassé parut encore plus faible, quelques temps après, dans l'*Armide*, de Lulli et Quinault, qui fut représenté en 1686. Ce qui nuisit surtout au chanteur, ce fut le voisinage de Mlle Rochois, actrice et cantatrice sublime, s'il faut en croire les mémoires du temps. — Le succès de cette pièce, la plus complète sans contredit qu'aient produite les deux collaborateurs, fut immense. Mais *Armide* fut pour eux le chant du cygne ; Lulli mourut, peu de mois après ce dernier succès, à l'âge de 54 ans, des suites d'un mal de pied ; Quinault lui survécut environ une année.

Quoi qu'on ait pu dire et écrire de ces deux hommes, poète et musicien, méritent de tenir une place importante dans l'histoire de l'art. C'est à eux que l'Opéra doit ses premiers développemens.

III

Les successeurs de Lulli

Après la mort des deux maîtres de l'opéra français, la direction échut à Mme veuve Lulli, qui la fit exploiter par Francine, son gendre. Celui ci fit bientôt mettre le privilége en son nom personnel; il lui fut accordé pour trois ans, avec clause de renouvellement pour dix années, à la charge par lui de payer à la veuve et aux enfans du grand compositeur 10,000 livres de pension.

Dans les cinq premières années de cette direction, on représenta successivement sur la scène de l'Académie royale de Musique, *Thétis et Pélée*, paroles de Fontenelle, musique de Colasse; *Astrée*, poème de Lafontaine, musique du même Colasse; *Coronis*, pastorale de Baugé, mise en musique par Théobald; *Circé*, tragédie lyrique de Mme Saintonge, musique de Desmarets; *Céphale et Procris*, poème de Duché, musique de Mlle Laguerre; *Didon*, tragédie lyrique de Mme Saintonge, musique de Desmarets; *Enée et Lavinie*, tragédie-opéra, poème de Fontenelle, musique de Colasse; *Médée et Jason*, poème de Thomas Corneille, musique de Charpentier.

Aucun de ces ouvrages n'obtint de succès; on les jouait huit ou dix fois, puis on en revenait aux opéras de Lulli, qui attiraient toujours du monde. Le public accueillait avec défiance et dédain tous les poètes et les compositeurs qui avaient la prétention de succéder aux deux célèbres maîtres, et leur appliquait un bon mot célèbre: « Tous ces gens-là, disait-il, ne sont que la petite monnaie de Lulli et de Quinault. »

Bientôt (en 1698) Francine s'associa Dumont, écuyer du

dauphin, dans le but de faire prolonger de dix ans son privilége.

L'ère nouvelle en fut guère plus heureuse que la précédente; ainsi, l'on vit se succéder sur la scène, dans l'espace de quatre à cinq ans, sans enthousiasme, presque même sans y faire attention : *Amadis de Grèce*, tragédie-opéra, poëme de La Motte, musique de Destouches; — les *Amours de Momus*, ballet, livret de Duché, musique de Desmarets; — *Ariane et Bacchus*, tragédie-opéra, poëme de Saint-Jean, musique de Marais ; — *Aricie*, paroles de Pic, musique de La Coste; le *Carnaval de Venise*, ballet, livret de Regnard, musique de Campra ; — l'*Europe galante*, livret de La Motte, musique de Campra ; — les *Fêtes galantes*, ballet, livret de Duché, musique de Desmarets ;—*Jason*, tragédie lyrique de Jean-Baptiste Rousseau, mise en musique par Colasse ; — *Issé*, pastorale de La Motte, musique de Destouches ; — *Marthésie*, tragédie lyrique des mêmes auteurs ; — *Méduse*, tragédie-opéra, poëme de l'abbé Boyer, musique de Gervais; — la *Naissance de Vénus*, pastorale de Pic, mise en musique par Colasse ; — les *Saisons*, ballet, livret de Pic, musique de Louis Lulli et Colasse;—*Théagène et Chariclée*, imitation du ravissant roman grec qui fit les délices de J. Racine, poëme par Duché, musique de Desmarets ; — *Vénus et Adonis*, tragédie-opéra, paroles de Jean-Baptiste Rousseau, musique de Desmarets ; — et enfin le *Triomphe des Arts*, ballet de La Motte, mis en musique par La Barre.

Parmi les compositions représentées dans les dix dernières années du dix-septième siècle, les ballets furent, comme on le voit, plus nombreux que les opéras. Le public témoignait une haute préférence pour ce genre de spectacle ; ce n'est pas que le ballet de ce temps-là fût quelque chose de bien divertissant; l'art chorégrahique était encore dans l'enfance ; chaque ballet était une série de scènes chantées ou récitées qui expliquaient l'action et justifiaient les entrées de danses, invariablement et uniquement composées de pas lourds et très lents, et qu'on appelait nobles, sans doute, pour avoir le droit d'en exclure les grâces vives et légères.

En 1701, l'*Aréthuse*, ballet-opéra de Danchet, mis en musique par Campra, eut encore moins de succès que les ouvrages précédens ; cet opéra marqua seulement le commencement du monopole de ces deux auteurs qui alimentèrent presqu'à eux seuls la scène de l'Opéra depuis 1700 jusqu'à 1717. Ils firent jouer, en effet, dans cet espace de seize années, dix ouvrages dont voici les titres : *Aréthuse*, — *Amarilis*, — *les Amours de Mars et Vénus*, — *Hippodamie*, — *Hésione*, — *Idoménée*, *Iphigénie en Tauride*, — *Tancrède*, — *Télémaque* — et *Téléphe*. Ils donnèrent, en outre, deux de ces salmigondis musicaux qu'on nomme aujourd'hui des *pastiches*, sous les titres de *Fragmens de Lulli* et de *Fragmens modernes*. Ces douze pièces, jouées presque toutes sans succès, ne suffirent pas, on le pense bien, à alimenter l'Opéra pendant cette période de seize ans ; on y représenta en outre : *Le Carnaval et la Folie*, paroles de La Motte, musique de Destouches ; — *Méduse*, paroles de La Grange Chancel, musique de Desmarets ; — *Pygmalion*, poème de La Motte, musique de La Barre ; — *Polyxène et Pyrrhus*, paroles de La Serre, musique de Colasse ; — *Scylla*, poème de Duché, musique de Théobald ; — et *Sémélé*, poème de La Motte, musique de Marais. La plupart de ces ouvrages ne furent joués qu'un très petit nombre de fois.

Pendant cette ère néfaste, la direction changea plusieurs fois de mains ; Francine et Dumont avaient cédé leur privilége, en 1704, à un nommé Guyenet, payeur de rentes ; mais ils furent forcés de le reprendre pour le transmettre presqu'aussitôt, avec une prorogation de treize ans, aux créanciers de Guyenet, les sieurs Besnier, Chomat, Duchêne et Laval, et ce moyennant une pension de 30,000 livres. Cela se passait en 1712. A cette époque, Destouches, le compositeur, fut nommé inspecteur général de la régie de l'Académie royale de musique, emploi à peu près équivalent à celui de commissaire royal.

Cet inspecteur, aux termes du règlement de 1713, exerçait sur les pièces et sur l'administration une sorte de censure; néanmoins le nouveau règlement ne laissa pas que d'être assez favorable aux artistes et aux auteurs; il constitua pour les premiers des gratifications et des pensions; et il fixa les droits des auteurs, musiciens ou poètes, à 100 livres, par chacune des dix premières représentations de leur œuvre, et à 50 livres pour chacune des vingt suivantes, On lit dans le même règlement que les représentations d'hiver devaient toujours commencer par une tragédie lyrique, tenue prête pour le 24 octobre au plus tard, et que les représentations d'été commençaient le lendemain de *Quasimodo* par une tragédie suivie d'un ballet. — Le rideau se levait à cinq heures un quart.

A la même époque, les bals de l'Opéra furent autorisés par le roi, le 8 janvier 1713; mais ils ne furent organisés par règlement exprès que deux ans après, lorsque le père Sébastien, moine carme, eut trouvé le moyen d'élever le plancher au niveau de la scène. Le premier bal ne put toutefois avoir lieu que le 2 janvier 1716. — N'est-il pas singulier que ce soit un abbé (l'abbé Perrin) qui ait le plus contribué à fonder l'Académie royale de musique et un moine qui nous ait en quelque sorte doté des bals de l'Opéra ? Ces bals obtinrent, dès leur origine, un succès immense; tout le Paris noble et élégant s'y donnait rendez-vous.

Parmi les poètes qui essayèrent de succéder à Quinault, il faut compter Campistron, qui fut encore moins heureux en opéras qu'en tragédies; aussi se fit-il, à plusieurs reprises cribler d'épigrammes. A l'occasion de son poème d'*Achille et Polixène*, mis en musique par Colasse, on en publia une qui obtint un grand succès et qui aurait pu, depuis un siècle et demi, s'appliquer à quelques douzaines d'opéras. La voci :

Entre Campistron et Colasse
Grand débat s'émeut au Parnasse

Sur ce que l'Opéra n'a pas un sort heureux.
De son mauvais destin nul ne se croit coupable ;
L'un dit que la musique est plate et misérable !
L'autre que la conduite et les vers sont affreux !
Et le grand Apollon, toujours juge équitable,
Trouve qu'ils ont raison tous deux.

Pendant toute la fin du dix-septième siècle et les premières années du dix-huitième, l'orchestre de l'Opéra fut conduit par Rebel, excellent musicien à qui ses dispositions précoces avaient paru promettre un avenir de grand compositeur ; mais son opéra d'*Ulysse*, représenté en 1703, n'eut pas de succès, et Rebel resta un remarquable chef d'orchestre.

Parmi les artistes qui occupèrent la scène de l'Opéra à cette époque, on n'en peut guère citer que quatre dont le nom ait eu un grand retentissement. C'est Duméni, haute-contre très remarquable, qui avait succédé à M. de Chassé ; Thévenard, admirable basse-taille dramatique ; Mlle Rochois, dont je vous ai déjà parlé, cantatrice de premier ordre à laquelle succéda Mlle Antier, jeune Lyonnaise dont le début eut lieu avec assez de succès en 1711. Mlle Antier possédait une très belle voix, une taille noble, élevée et bien prise, une physionomie expressive, fière et imposante. Après quelques mois de travail et d'expérience de la scène, elle joignit à ces qualités le sentiment de l'art, le goût et le style ; aussi devint-elle bientôt l'actrice à la mode.

Dans ce temps-là, pourtant, ces artistes de *primo cartello*, comme on dit aujourd'hui, qui s'occupaient si activement de leur art, ne jouissaient pas, il est bon qu'on le sache, d'appointemens exorbitans. Le maximum d'un premier sujet s'élevait à mille écus, et il se trouvait fort heureux. Le produit des tournées départementales ou des excursions à l'étranger était en proportion. Ainsi Duméni, le premier artiste français qui eut l'idée de passer le détroit pour aller donner des représentations à Londres, rapportait ordinairement de son voyage annuel mille pistoles! Que penserait d'un pareil bénéfice Mlle Jenny Lind qui gagne autant et plus avec une simple cavatine!

IV

Les prédécesseurs de Rameau. — Rameau.

C'est du temps de la régence que date une importante réforme introduite à l'Opéra par le financier Law, je veux parler de la substitution des bougies aux chandelles. C'est peut-être la meilleure *action* qu'ait imaginée le célèbre Mississipien; pardonnez-moi ce jeu de mots d'actionnaire en belle humeur, et passons aux choses sérieuses.

Depuis 1716 jusqu'à l'avènement de Rameau, l'Opéra languit d'une façon déplorable; il vécut du succès de ses bals masqués. *L'Hypermnestre*, de Lafont, dont la musique, attribuée à Gervais, était en réalité du régent, n'obtint guère de succès; les opéras qui suivirent ne furent pas plus heureux. Le public commençait à se lasser de la musique grave et lente que les compositeurs lui donnaient sous prétexte de noblesse d'inspiration et de largeur d'harmonie. Tels furent *Idoménée*, de Danchet et Campra; — le *Jugement de Pâris*, de Mlle Barbier et de Pertin; — *Pirithoüs*, de La Serre et Mouret; — *Polydore*, de La Serre et Batistin; — *Renaud*, de l'abbé Pellegrin et Desmarets; — *Sémiramis*, de Roy et Destouches; — les *Stratagêmes de l'Amour*, des mêmes auteurs; — *Thélegone*, de l'abbé Pellegrin et La Coste; — la *Reine des Péris*, comédie lyrique de Fuzelier et Aubert, et quelques autres ouvrages représentés de 1716 à 1733, et dont les titres ne sont pas venus jusqu'à nous.—On avait beaucoup compté sur *Jephté*, opéra sacré, dont Pellegrin avait fait les paroles et que Montéclair avait mis en musique; mais le cardinal de Noailles fit défendre la représentation de cet ouvrage.

En fait de ballets, on peut citer, dans cette ère généralement malheureuse pour l'Opéra, les *Élémens*, ouvrage joué d'abord aux Tuileries, en 1720, pour faire danser le jeune Louis XV, puis repris, avec un immense succès, à l'Opéra, en 1724. Le livret de ce ballet-opéra était de Roy, et la musique de Destouches et Lalande. Mlle Prévost, la danseuse à la mode, y fut applaudie dans un pas de vestale!

Vers 1732 ou 1733, parut enfin Rameau; il débuta à l'âge de cinquante ans et fit une révolution dans la musique française, en y introduisant le mouvement et l'expression de la passion. Organiste de Sainte-Croix-de-la-Bretonnerie, il avait acheté à l'abbé Pellegrin, moyennant un billet de 500 livres, le poëme d'*Hippolyte et Aricie*, son opéra de début. Cet ouvrage excita vivement les passions de la foule. D'un côté, les partisans des anciens maîtres traitaient Rameau de barbare; d'un autre, les enthousiastes l'appelaient le rénovateur de la musique : il se fit à ce sujet des milliers d'épigrammes et de bons mots. Les acteurs eux-mêmes se querellaient sur la scène, à propos de cette nouvelle école musicale. Cependant, le succès d'*Hippolyte et Aricie* ne fut pas immense. Mais, peu de temps après, *Castor et Pollux*, opéra composé sur un livret de Gentil-Bernard, fut accueilli avec l'enthousiasme le plus unanime. De ce moment, Rameau fut le roi de l'Opéra, et il conserva son sceptre jusqu'en 1760.

Pendant ce temps là, de nombreux changemens de direction avaient eu lieu. En 1728, Francine avait demandé sa retraite, et le musicien Destouches l'avait remplacé jusqu'en 1731. A cette époque, elle passa aux mains de Gruer, qui la garda fort peu de temps et la laissa à MM. Lebœuf et Lecomte; en 1733, le roi donna le privilége pour vingt années à Louis-Armand-Eugène de Thuret, ci-devant capitaine au régiment de Picardie. Mais ce directeur, dépourvu de connaissances spéciales, fut bientôt obligé de renoncer à ses fonctions. Après lui, MM. Berger, Tréfontaine et Saint Germain, furent successivement chargés de la régie, jusqu'en 1749. Elle passa ensuite aux sieurs Mondonville et Caperan, qui en étaient encore en possession en 1756.

Parmi les artistes qui se distinguèrent pendant cette période, il faut, outre Duméni, Thévenard, Mmes Rochois et Antier, citer encore Baumavielle et Jelyotte, et Mlles Françoise Journet et Le Maure, dans le chant,—et dans la danse, Dupré, Mlle Sallé et la Camargo qui inventa les entrechats.

Je n'entreprendrai pas l'énumération de tous les ouvrages de Rameau, je citerai seulement *Dardanus*, composé sur un poème médiocre de La Bruère, parce que cet opéra consolida la gloire et la puissance de son auteur. Je passerai sous silence ses *fêtes*; *fêtes d'Hébé*, *fêtes de l'Hymen*, *fête de Pamilie*. etc., — tout aussi bien que ses *Triomphes*; — *triomphes de l'Amour*, *triomphes de l'Harmonie*, etc., — et ses *Temples*; *temple de Gnide*, *temple du Destin*, temples enfin de toute espèce; ces trois formules de titres furent tellement à la mode vers le milieu du dix-huitième siècle, que tous les théâtres à la fois avaient des fêtes, des triomphes et des temples, nous avons vu du reste un phénomène analogue se produire à l'occasion du mot *mystère*, du mot *diable* et du mot *Paris*.

Cependant, dès 1750, une nouvelle renommée poétique, avait surgi, celle de Marmontel ; en 1753, un jeune musicien s'était révélé, Jean-Jacques Rousseau avait fait représenter le *Devin de village*, mais il devait s'arrêter là, en musique.

Vers 1760, sous la direction de Rebel et de Francœur, nommés en 1757, après un essai malheureux d'administration municipale, le personnel dansant et chantant s'enrichit de plusieurs sujets de premier ordre : Sophie Arnould, Mlle Lemierre, les chanteurs Gelin et Larrivée ;— Vestris 1er, le jeune Gardel, Mlle Lany, sœur de Lany, célèbre maître de ballets, Mme Lyonnais et Mlle Allard, élève distinguée de Vestris.

Les choses en étaient là et la situation financière commençait à s'améliorer, lorsque le 6 avril 1763, à huit heures du matin, un incendie se déclara dans la salle de l'Opéra. Le feu dévora presque tout l'édifice.

Une foule de plans furent aussitôt présentés pour la construction d'une nouvelle salle ; on parlait de la placer soit dans les bâtiments du Louvre, soit sur la place du Carrousel, soit, comme par le passé, au Palais-Royal. Cette dernière proposition eut la préférence, grâce à l'influence et aux sacrifices du duc d'Orléans, qui versa 100,000 écus pour ses loges et fournit, à ses frais, un vaste emplacement. L'architecte Moreau fut chargé du travail.

En attendant que la nouvelle salle fut prête, on fit réparer, par Soufflot, le théâtre des machines aux Tuileries, et on y installa l'Opéra. Il y passa six années assez tristes ; le public ne voulut pas s'habituer à la salle provisoire ; à peine se laissait-il séduire par les solennités les plus attrayantes. — Cependant cette période fut signalée par plusieurs événemens importans, parmi lesquels il faut citer le changement de la direction, cédée par Rebel et Francœur à Berton et Trial, et les débuts dans le chant de Legros, de Mme Reich et de Mlle Rosalie, artistes distingués ;—et, dans le ballet, de Dauberral et de Mlles Guimard, Asselin, Heinel, et de la prodigue demoiselle Grandi. Le répertoire s'enrichit d'*Aline, reine de Golconde*, opéra de Sédaine et Monsigny, d'une reprise heureuse de *Daphnis et Alcimadure*, opéra de Mondonville, écrit en patois languedocien, et de l'*Ernelinde*, de Poinsinet et Philidor. — A cette époque aussi, Rameau mourut et laissa vacant le trône musical.

V

Gluck et Piccini

La nouvelle salle, chef-d'œuvre de grâce et de légèreté architecturales, fut inaugurée, le 26 janvier 1770, par la représentation du *Zoroastre* de Rameau. Pendant quelques mois, la richesse du nouveau temple lyrique suffit pour attirer du monde, et l'on ne chercha pas d'autres élémens de succès. Cependant, l'on joua, *par ordre*, vers le commencement de 1771, la *Cinquantaine*, postorale de M. Desfontaines, dont M. de La Borde, premier valet de chambre du roi, avait fait la musique. Les huées et les lazzis du public firent justice de l'œuvre maussade qu'on avait voulu lui imposer.

Il fallut en revenir aux reprises ; et ce fut en l'honneur d'une reprise, celle de *Castor et Pollux* de Rameau, que le dauphin (depuis Louis XVI) et la dauphine assistèrent, pour la première fois, en grande loge, à l'Opéra, le 21 janvier 1772 !

Cependant la direction avait été légèrement modifiée. Trial étant mort, et M. Berton s'étant adjoint MM. Dauvergne et Jolliveau, on imposa à ces trois régisseurs un surintendant; ce fut Rebel ; il résulta de cette mesure quelques troubles dans le personnel lyrique et chorégraphique; tout s'arrangea pour le mieux, grâce à quelques concessions, et l'on était parfaitement d'accord quand on monta l'*Adèle de Ponthieu*, de M. de Saint-Marc, mise en musique par MM. Berton et de La Borde, qui n'eut aucun succès.

La direction ne savait plus où donner de la tête ; le génie lyrique des musiciens français était complètement en défaut; on en revenait toujours aux reprises et, ce qui pis est, aux fragmens. Dans cette occurrence, la dauphine eut l'idée de populariser en France un compositeur allemand qui s'était fait connaître à Rome dès 1754, et avait depuis obtenu de grands succès en Italie et en Allemagne. C'était le chevalier Glück.

Le 19 avril 1774, l'*Iphigénie en Aulide*, arrangée par le marquis de Rollet, fut représentée aux applaudissemens d'une foule immense. Pourtant l'enthousiasme ne fut pas unanime. Une opposition malveillante avait, dit-on, été suscitée par Mme Dubarry. Cette opposition n'empêcha pas Glück de triompher encore trois mois après avec son *Orphée et Eurydice*.

Son succès fut encore plus grand et plus complet lorsque Marie-Antoinette fut devenue reine de France ; elle sut le protéger royalement. On chercha bien à lui opposer quelques rivaux ; on voulut même lui susciter un concurrent dans la personne d'un jeune musicien de 25 ans nommé Floquet, lequel avait composé un certain *Azolan*, opéra qui n'était pas sans mérite ; mais cette intrigue n'eut pour résultat que la ruine de l'avenir du malheureux jeune homme.

Quelque temps après, le 24 avril 1776, parut l'*Alceste* ; malgré tous les efforts de la reine, le succès fut un peu tiède. Cet opéra servit de pièce de début à une nouvelle administration qui prenait le titre de *gouvernement* ; elle se composait de MM. Papillon de la Ferté, des Entelles, de La Touche, Bourboulan, Hébert et Buffaut. Ces directeurs signalèrent leur entrée en fonctions par les engagemens de Mlle Dorival, danseuse ; de Pic, danseur amené d'Italie par Noverre, célèbre maître de ballets. En outre, elle promit un opéra de Sacchini, intitulé l'*Olympiade*, et la prochaine arrivée de Piccini, l'adversaire dont on menaçait la gloire de Glück.—En attendant, on donna, coup sur coup, *Apelles et Campaspe*, ballet de Noverre ; —*Euthyme et Lyris*, ballet de Boutillier et Desormeri ;— *Enée et Didon*, ballet de Gardel ; — les *Caprices de Galathée*, ballet de Noverre ; — et les *Horaces et les Curiaces*, ballet du même auteur.

En attendant Piccini, Glück fit encore représenter son *Armide* ; cette solennité eut lieu le 25 septembre 1774, et malgré les efforts des *lullistes*, des *ramistes* et des *piccinistes*, réunis contre Glück, *Armide* triompha.

Sur ces entrefaites, la direction fut encore changée ; elle fut concédée pour douze ans au sieur de Vismes, avec un pouvoir absolu sur les sujets du chant et de la danse. Enfin, Piccini arriva. Son début eut lieu par l'opéra de *Roland*, de Quinault, réduit en trois actes par Marmontel. A partir de ce moment, la lutte devint acharnée ; on se lança à la tête force articles de journaux, force épigrammes, force bons mots plus ou moins spirituels. C'est ainsi que d'un côté l'on prétendait loger l'arrangeur du poëme, Marmontel, rue des *Mauvaises-Paroles*, et Piccini, rue des *Petits-Champs* (petits chants) ; — de l'autre, on envoyait Glück rue du *Grand-Hurleur*.

Cette lutte aurait dû être profitable à l'art et à l'Opéra ; malheureusement Piccini n'était pas de force, avec ses chants gracieux et légers, à soutenir le combat contre Glück, et la verve du chevalier ne fut pas fort stimulée par les attaques ; *Iphigénie en Tauride* est l'œuvre la plus remarquable qu'il ait opposé aux Italiens.

Cette époque vit les débuts de plusieurs artistes marquans : Lainez, Laïs, Mmes Laguerre, Beaumesnil et Briancourt.

VI

Sacchini. — L'Opéra républicain. — L'Opéra impérial.

Dans cet exposé rapide des vicissitudes administratives et lyriques de l'Opéra, il n'est possible de trouver place ni pour des théories, ni pour des considérations d'art, ni même pour une appréciation complète de la lutte des Gluckistes avec les *piccinistes*. Cette lutte tient du reste aux mêmes motifs que nous voyons diviser le public, à toutes les époques de l'Opéra. Seulement la lutte est plus ou moins passionnée, se traduit en dissertations ou en invectives, suivant les mœurs et le caractère de chaque temps. Serait-il possible, par exemple, qu'en ce moment d'indifférence en matière de toutes choses, on discutât avec quelque chaleur Rossini et Meyerbeer, Auber et Halévy? Cependant il est bien certain qu'il existe encore des piccinistes qui adorent presqu'exclusivement Rossini, Bellini, Donizetti et des gluckistes qui se sont voués à Meyerbeer et à Halévy. Mais les uns et les autres se laissent aisément imposer le culte des dieux de leurs adversaires; nous vivons à une époque de tolérance et d'éclectisme!

En 1780, l'Opéra, soustrait à la direction de M. de Vismes par suite d'une conspiration de coulisses, était régi par M. Amelot et M. de La Ferté; il n'en allait guère mieux pour cela; en attendant les nouveaux chefs-d'œuvre que promettaient les écoles rivales, Marmontel refaisait les pièces de Quinault, et le public créait le verbe *marmontéliser*; Philidor, de son côté, arrangeait la musique de Lulli; au milieu des reprises, on lança une nouveauté, le *Seigneur bienfaisant*, paroles de Rochon de Chabannes, musique de Floquet. Cet opéra, en dépit de la coal tion que formaient contre lui les piccinistes, les gluckistes et les bouffonnistes, obtint un grand succès, ce qui n'empêcha pas de monter immédiatement *Andromaque*, *Iphigénie en Tauride*, et deux ballets, *Laure et Pétrarque* et *Damète et Zulmis*. En outre, on reprenait tout Lulli et tout Rameau.

Ces reprises ne prouvaient pas qu'aucun des rivaux eût triomphé de l'autre. Le seul gage de victoire dont put se glorifier Piccini, c'était la retraite à Vienne du chevalier Gluck, qui persistait à bouder. — Les choses en étaient là, lorsque le feu se declara, le 8 juin 1781, dans la salle de l'Opéra, après une représentation du ballet d'*Orphée*. Cet incendie dura plusieurs jours, pendant lesquels on s'occupa de chercher pour l'établissement un nouveau local. — Le 30 juillet, M. Lenoir, architecte, offrit de construire ne soixante-six jours une salle à la Porte-Saint-Martin. Cette promesse de célérité eut l'adhésion de tous les partis et fit renoncer à tous les projets proposés. M. Lenoir se mit à l'œuvre immédiatement.

Tandisque les travaux se faisaient, le triomphe des picinistes devenait complet et définitif, par suite d'une attaque d'appoplexie qui venait de frapper Gluck. Le nouveau concurrent qu'il était question d'opposer à Picini appartenait comme lui à l'école italienne, c'était Sacchini. — Au jour dit, la salle de la Porte Saint-Martin fut prête, mais, faute d'une troupe complète, on n'ouvrit que quinze jours après, le 22 octobre, et encore ne put-on donner qu'un acte d'*Adèle de Ponthieu*, remise en musique par Piccini. La pièce fut donné entière, le 27. — Vers cette époque, la fureur des bergerades était poussée, à tout propos, à un tel excès que les houlettes et les moutons envahirent aussi la scène de l'Opéra; une pièce de Grétry, *Colinette à la cour*, marqua le commencement de cette ère de bucoliques enrubannées. — Peu de temps après, parut Gossec, dont le nom tient une place honorable dans les fastes lyriques de la France. — Dans le même hiver (1782), Lafayette fut couronné publiquement par Mlle Tarlay, pendant une représentation d'*Iphigénie en Aulide*, à l'Opéra.— C'est encore du même moment que datent les premiers débuts de Mlle Maillard, devenue si célèbre depuis.

Pendant l'été, l'on donna sans succès une *Electre* de Guillard, musique de Lemoine, et l'on commença au mois de septembre une longue série de nouveautés composées ainsi qu'il suit: *Hypermnestre*, du baron de Schuldy et de Gluck; — *Diane et Endymion*, du chevalier de Liron et de Piccini; — *Renaud*, refait par le bailli de Rollet, avec musique de Sacchini; — *Nicotris*, de Morel et Grassée; — l'*Embarras des richesses*, de Lourdet de Santerre et Grétry; — le *Premier navigateur*, de Fenouillos de Falbère et Philidor; — *Alcide*, de Dubreuil et Candeille; — *Bayard*, de Durosoy et Froment; — la *Conquête du Pérou*, de Dubuisson et Candeille; — *Péronne sauvée*, de Souvigny et Dezaide, lequel débuta à l'Opéra par cette partition; — un *Nouveau fragment*, de Moline, musique arrangée par Hay-Delman, — *Ariane abandonnée*, par un anonyme et d'Alleman; *Apollon et Daphné*, de Pitra et de Mayer. C'est dans ces derniers ouvrages que le talent et le succès de Mlle Saint-Huberti acquirent leur plus grand développement, et qu'elle se posa définitivement en grande cantatrice.

Pendant l'hiver de 1782 à 1783, Garat débutait dans les salons et préludait, en désespérant l'envieux Legros, à son immense célébrité; en même temps Sacchini qui avait presqu'entièrement renoncé à l'école italienne pour se faire élève et successeur de Gluck arrivait en France et faisait applaudir son *Renaud*. Quelques mois après, Piccini prenait une éclatante revanche avec sa *Didon*.

Au commencement de 1784, le roi institua, pour encourager les auteurs d'opéras, des primes en faveur des meilleurs ouvrages; les réceptions de pièces et la distribution de ces primes dépendirent d'une commission composée de MM. Thomas, Gaillard, Arnaud, Delille, Suard, Champfort et Lemierre. — Vers le même temps, Gluck, dont la santé s'améliorait, envoya de Vienne un nouvel élève, un nouveau concurrent à Piccini, c'était Salieri; le début de ce compositeur, qui eut lieu le 26 avril, fut on ne peut plus brillant. Le succès, habilement préparé et puissamment favorisé par les splendeurs de la mise en scène, eut un long retentissement. Cette année d'ovations vit aussi le triomphe d'une cantatrice, Mlle Dozon, artiste remarquable qui débuta au mois de décembre.

En 1785, M. Dauvergne fut nommé directeur; son administration, assez malheureuse par la suite, fut inaugurée par *Panurge dans l'île des lanternes*, comédie-opéra, de Morel et Grétry. Il donna, pendant les quatre années qui suivirent, *Pénélope*, de Marmontel et Piccini; — *Pizarre*, d'un anonyme et de Candeille; — les *Horaces*, de Guillard et de Salieri; — la *Toison d'or*, de Deriaux et de Vogel; — *Tarare*, de Beaumarchais et de Salieri (succès de scandale très productif); — *OEdipe à Colone*, de Guillard et Sacchini (succès très beau et très mérité); — *Amphytrion*, de Sédaine et Grétry; — *Arvire et Evelina*, de Guillard et Sacchini, musique terminée par Rey; — *Démophon*, de Deriaux et Vogel; — les *Prétendus*, de Rochon de Chabannes et Lemoine.

Le dimanche 12 juillet 1789, au moment où l'on allait jouer *OEdipe à Colone*, le directeur reçut l'ordre de fermer le théâtre; le peuple était en pleine révolte; la musique devait être étouffée par le bruit du canon revolutionnaire.

Pendant la révolution, l'Opéra produisit peu d'œuvres remarquables; en dehors des pièces de circonstances, on n'y représenta guère que les ouvrages suivans : *Phèdre*, de Lemaire; — *Alexandre aux Indes*, de Méreaux; — *Antigone*, de Zingarelli; — *Cora*, de Méhul; *Corisandre*, de Langlé; — *Adrien*, de Méhul; — *Hécube*, de Fontenelle; — *Astyanax*, de Kreutzer. — En 1793, l'Académie de musique quitta la Porte Saint-Martin pour occuper, rue Richelieu, sous le nom de Théâtre des Arts, une salle construite pour Mlle Montansier. Enfin la direction, passa des mains de MM. Francœur et Cellerier à celles de M. Morel, — de M. Morel à M. Bonet, — et de M. Bonet à M. Wante. — Tels sont, avec la suspension des bals, les seuls faits notables qui se passèrent à l'Opéra, jusqu'en 1800.

De 1800 à 1802 on donna deux traductions de Mozart, les *Noces de Figaro* et les *Mystères d'Isis* ; — l'oratorio la *Création* d'Haydn ; — le *Casque et les Colombes*, puis *Delphis* et *Mopsa*, ces deux derniers ouvrages de Grétry ; enfin, *Sémiramis* et les *Bayadères*, opéras de Catel qui obtinrent un grand succès, aussi bien que le ballet la *Dansomanie*, de Gardel. A cette époque (en 1802), l'Opéra fut réorganisé par ordre de Bonaparte, et l'on monta l'*Anacréon* de Chérubini ; et la *Mort d'Adam* de Lesueur, compositeur dont la réputation devint immense, l'année suivante, après le succès des *Bardes*.

En 1803, la charge de surintendant de l'Opéra, abolie pendant la révolution, fut rétablie et confiée à M. de Luçay, qui, faisant un appel aux belles voix et aux organisations musicales ou chorégraphiques de la province, renouvela presque entièrement le personnel. Cependant Laïs, Lainez, Chéron, Mmes Branchu, Grassari, Chéron et Armand dans le chant, Vestris, Nivelon, Albert, Milon, Duport, Paul, Mmes Gardel, Clotilde, Mlle Bigottini dans la danse, occupaient le premier rang. Cette réunion de talens, interpréta d'une manière distinguée et avec quelque succès les opéras : *Castor et Pollux* et *Tamerlan*, de Winter ; — *Proserpine*, de Paësiello ; — la *Jérusalem délivrée*, de M. Baour-Lormian et de Persuis ; — *Aristippe* et la *Mort d'Abel*, de Kreutzer.

En 1806, l'Opéra renonça à la dénomination révolutionnaire de théâtre des Arts pour prendre le titre d'Académie impériale de Musique. Ce titre lui porta bonheur ; ses nouvelles recrues de chanteurs firent des progrès, et déjà Lavigne, Laforest, Nourrit père et Dérivis père avaient conquis une place importante dans le personnel, lorsque MM. de Jouy et Spontini firent représenter, en 1807, la *Vestale*, — et *Fernand Cortez* en 1808. On sait le succès qu'obtinrent ces deux chefs-d'œuvre, qui ont figuré si longtems au répertoire de l'Opéra, et n'en sont peut-être pas éloignés à tout jamais. — En 1807, M. de Luçay s'était adjoint Picard, à qui il avait donné le titre de directeur.

La fin de l'ère impériale ne fut marquée que par deux grands succès ; les *Amphion*, les *Abencerrages*, les *Roger de Sicile*, malgré les beautés éclatantes de quelques morceaux, avaient été assez mal accueillis ; mais le *Triomphe de Trajan*, d'Esmenard et Persuis, le ballet de *Nina*, ou *la Folle par amour*, et le talent de Mlle Himm, célèbre jeune première du chant, ramenèrent la foule au théâtre de la rue Richelieu. Elle y revint encore une fois pour admirer la verve héroïque de Dérivis père, dans l'*Oriflamme*, de MM. Etienne, Baour-Lormian et Persuis : ce fut le dernier opéra de l'empire.

VII

L'Opéra de 1814 à 1847

Le 5 avril 1814, on avait écrit sur le fronton du théâtre, ces quatre mots : *Académie royale de Musique ;* — Le Le 21 mars 1815, au mot *royal* était substitué le mot : *impérial*, lequel s'effaçait lui-même le 8 juillet de la même année sous le mot *royal*. Au milieu de ces vicissitudes politiques on s'était fort peu mis en peine de l'art. En 1816, on s'en occupa d'abord pour régler les représentations, qui, depuis le 10 mai, eurent lieu les lundi, mercredi et vendredi. — En 1825, on essaya de substituer le dimanche, au lundi, mais dès le 13 juillet, on rétablit l'ordre fixé en 1816.

Le premier janvier 1816, M. Choron avait été nommé régisseur, et le 1er avril 1817 on lui avait adjoint MM. Persuis, directeur du personnel et Courtin, administrateur du matériel ; bientôt en 1819, M. Viotti succéda à M. Persuis ; — en 1824, M. Duplantys fut nommé administrateur ; — en 1827, M. Lubbert lui succéda, sous le nom de directeur ; — M. Véron prit la direction le 1er mars 1831, *sous l'autorité d'une commission d'administration ;* mais, dès le 1er juin, cette commission n'eut plus que le droit de surveillance. — Vers 1837, MM. Edouard Monnais et Duponchel succédèrent à M. Véron ; peu de temps après, M. Duponchel, resté seul s'adjoignait M. Léon Pillet, lequel garda la direction, à lui seul, depuis 1838 jusqu'au 1er juillet 1847.

Je me bornerai à passer rapidement en revue les œuvres et les artistes qui se succédèrent sur la scène de l'Opéra, pendant ces diverses directions. L'histoire de l'Opéra pendant ces trente années est dans la mémoire de tous les dilettanti.

Pendant les premières années de la restauration, les *Jeux floraux* et *Olympie*, opéras de Léopold Aimon et Spontini furent mal accueillis. On se rejeta sur le ballet, et *Clary*, la *Servante justifiée*, *Flore et Zéphyr*, le *Carnaval de Venise* produisirent de magnifiques recettes. — Dirai-je les détails de l'horrible crime commis le 13 février 1820, à la suite d'une représentation extraordinaire ? Il suffit pour l'historien de l'Opéra de rappeler que c'est par suite de cet attentat que la salle de la rue Richelieu fut démolie et qu'on bâtit la salle provisoire de la rue Lepelletier, laquelle a duré déjà plus longtemps que bien des constructions définitives. — En attendant cette salle, dont la construction demanda environ quatorze mois, l'Opéra donna ses représentations à la salle Favart.

Peu de temps après l'ouvertnre de la nouvelle salle, en janvier 1822, parut Adolphe Nourrit dans le rôle de Calpigi, à une reprise de *Tarare*. Il fut fort applaudi, mais ce succès, non plus que celui du ballet de M. Aumer, *les Pages du duc de Vendôme* n'empêchait pas l'Opéra d'être fort délaissé ; il fallut pour le sauver et lui ramener la foule, *la Lampe merveilleuse*, féérie lyrique d'Etienne et

Nicolo, terminé par Benincori. Cet ouvrage représenté le 6 février 1822, eut le succès le plus éclatant. — Le ballet d'*Alfred le Grand*, de M. Aumer, vint peu de temps après et produisit aussi de belles recettes.—L'*Aspasie et Périclès* de MM. Viennet et Danssoigne; —*Sapho*,— *Florestan*, opéras, et le ballet de l'*Enfant prodigue*, furent reçus très froidement pendant les deux années qui suivirent. — C'est à peu près de cette époque, que datent les premiers débuts, dans le chant, de Levasseur, et, dans la danse, de Mmes Noblet et Montessu; la dernière de ces danseuses contribua beaucoup à l'éclatant succès de *la Somnanbule.*

Rossini, Auber, Scribe vinrent alors apporter à l'Opéra le secours de leur talents ; mais malgré le génie du grand maëstro, *le Siége de Corinthe*, *le comte Ory*, *Moïse*, *Guillaume-Tell*, ces grands chefs-d'œuvre,—*Mars et Vénus*,— la *Belle au Bois dormant*, ces jolis ballets, produisirent des recettes médiocres, et la direction M. Lubbert ne fit pas de belles affaires. Le succès de *la Muette de Portici*, la voix divine de Mme Damoreau furent même impuissants à sauver l'Opéra.

La véritable résurrection, la résurrection soutenue par la vogue, date de la fin de 1831, de la représentation de *Robert le Diable*. Tout à la fois concourut à la prospérité de l'Opéra, le talent puissant de Meyerbeer, les belles décorations de Cicéri, la danse de Taglioni, la magnifique voix de Mlle Falcon, les jolies partitions d'Auber, le *Philtre*, le *Dieu et la Bayadère*, puis *Gustave III*, et son bal masqué, la *Tentation* et son enfer, premier début à l'Opéra de M. Halévy; puis la *Juive*, et sa merveilleuse mise en scène qui fait tant d'honneur au talent de M. Duponchel; les ballets, la *Sylphide*, *Nathalie*, la *Fille du Danube*, puis, avec Fanny Ellsler ,la *Tempête*, l'*Ile des Pirates*, le *Diable boiteux*, la *Gipsy*, la *Tarentule* ; — puis enfin un nouveau chef-d'œuvre de Meyerbeer, les *Huguenots.*

En 1837, Duprez débute et vient faire une révolution dans l'art du chant. Pendant plusieurs années, le grand artiste va de succès en succès; toutes ses créations sont autant de chefs-d'œuvre d'exécution. Arnold, de *Guillaume Tell*; — Eléazar, de la *Juive*, rôle qu'il s'est si admirablement approprié; — Raoul, des *Huguenots*; — Guido, de *Guido et Ginevra*; — Polyeucte, des *Martyrs*; — le *Lac des Fées*; — Fernand, de la *Favorite*;—Gérard, de la *Reine de Chypre*.— Quelques années après, se produisent Barroilhet, baryton à la voix agile et séduisante — Mme Stoltz, artiste éminente quoique incomplète; — Mlle Nau, voix fraîche et méthode irréprochable; — Alizard, la basse-taille la plus puissante, la mieux timbrée et la plus habilement dirigée qu'il y ait en Europe, en ce moment.— Dans le ballet, la ravissante Carlotta Grisi, qu'il suffit de nommer; les sœurs Dumilâtre; Mlles Maria, Fuoco, Plunkett, Robert, jeunes artistes qui ont plus que des dispositions.

Malgré ces élémens de succès auxquels il convient d'ajouter plusieurs jolis ballets, *Giselle*, la *Jolie fille de Gand*, la *Péri*, le *Diable à quatre*, la direction de M. Pillet ne prospéra point; les partitions et le public lui firent défaut.

Ce délaissement tient à des causes dont une histoire aussi succinte que celle-ci ne comporte pas l'appréciation.

Tel est à peu près le passé du théâtre, dont l'avenir est confié aux mains habiles et expérimentées de MM. Roqueplan et Duponchel. Déjà leur administration s'est annoncée par de sages et importantes réformes. Leur programme, quoique très brillant, est de ceux qui paraissent devoir être exécutés. — En fait d'opéras, la reprise des chefs-d'œuvre dont la place est marquée au répertoire,— un nouvel ouvrage de Verdi, l'auteur de *Nabuchodonosor*, ce jeune maëstro dont les compositions ont un si grand retentissement; — un opéra de Scribe et Auber; et, pour leur exécution, des engagemens d'artistes éminens, tels que Mmes Masson, Birch, Hébert-Massy, et le gracieux ténor Poultier. — En fait de ballets, l'acquisition de Perrot, le célèbre danseur et le plus célèbre encore maître de ballets, de Mmes Cerrito et Rosati, les deux illustres danseuses, et enfin, pour l'inauguration de l'ère de prospérité qu'ils vont commencer, une salle remise entièrement à neuf par les soins d'un architecte plein de goût, M. Rohault de Fleury et d'un peintre passé maître en décoration, M. Cambon. Cette salle, devenue très commode au moyen de légères modifications apportées à la distribution, est maintenant resplendissante de lumière, d'or et de peintures. — C'est aujourd'hui le plus beau, le plus riche de tous les théâtres du monde ; grâce au goût et à l'habileté administrative des nouveaux directeurs, les nouveaux chefs-d'œuvre et les talens illustres aidant, ce sera bientôt l'Académie de musique et de danse de toute l'Europe!

FIN.

Imprimerie de J. FREY, rue Croix-des-Petits-Champs, 33.

www.ingramcontent.com/pod-product-compliance
Ingram Content Group UK Ltd.
Pitfield, Milton Keynes, MK11 3LW, UK
UKHW020522180726
13839UKWH00005B/2251

9 782329 592596